AF648619

Erkennst du die Gegenstände?

1		Zahnpasta 13	Zahnbürste 15	Zahnputzbecher 21
2		Toilette 17	Wasserhahn 20	Waschbecken 18
3	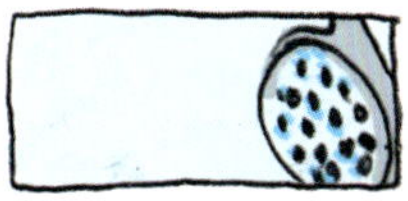	Badewanne 15	Waschbecken 16	Dusche 23
4		Spiegel 20	Toilettenpapier 18	Toilette 22
5		Seife 24	Duschgel 13	Shampoo 17
6	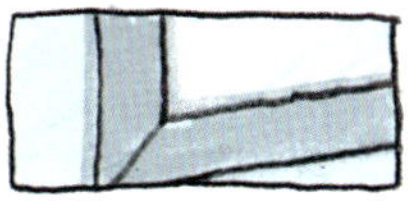	Handtuch 16	Spiegel 19	Fön 14

Welches Wort fehlt hier?

7 Mit der bürste ich mir die Haare.

8 Mit dem trockne ich mich ab.

9 Mit der wasche ich die Hände.

10 Mit der putze ich die Zähne.

11 Mit dem kämme ich die Haare.

12 Mit dem trockne ich die Haare.

13

15
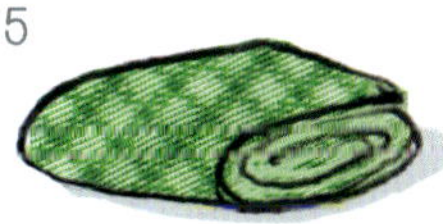

18
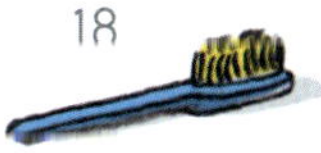

24

16

14

Am Morgen 2

Reflexivpronomen

Einige Verben brauchen ein Reflexivpronomen:
sich freuen,
sich waschen,
sich kämmen,
sich anziehen …

ich freue **mich**	→	wir freuen **uns**
du freust **dich**	→	ihr freut **euch**
er/sie/es freut **sich**	→	sie freuen **sich**

Mama schminkt Paul.

Mama schminkt sich.

Ergänze das richtige Wort.

1	wir freuen ___	dich 4
2	sie zieht ___ an	uns 5
3	du wäschst ___	sich 1
4	er langweilt ___	mich 10
5	ich schminke ___	euch 2
6	ihr legt ___ hin	sich 6

Am Morgen 1

Wortschatz

So wird es gemacht:

Zu diesem Heft wird das **LÜK-Kontrollgerät** benötigt.

Öffne das LÜK®-Kontrollgerät und lege die Plättchen in den unbedruckten Deckel. Jetzt kannst du auf den Plättchen und im Geräteboden die Zahlen **1** bis **24**. sehen. Bei allen Übungen benötigst du nur die Plättchen 1 bis 12 .

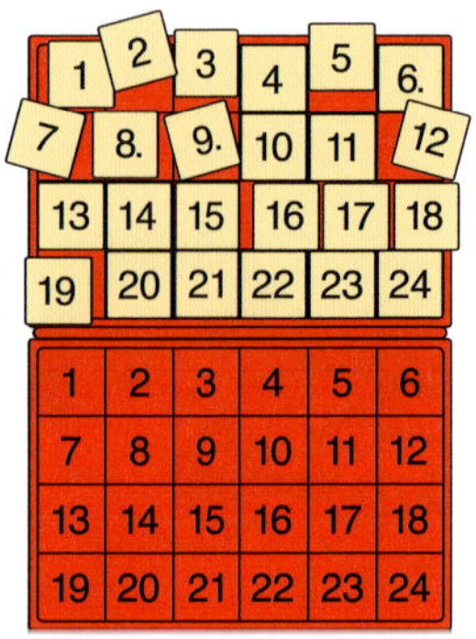

Beispiel: Seite 3
Was ist das?
Nimm das Plättchen 1 und schau dir die Aufgabe Nr.1 an: Was ist das? Sprich die Wörter laut aus. Das richtige Wort ist der **Zahnputzbecher** mit der Lösungszahl **21.** Das ist die Feldzahl, auf die du das Plättchen 1 legst. Die Zahl 1 muss nach oben zeigen.

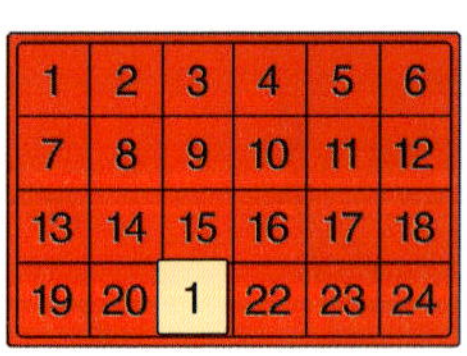

So arbeitest du weiter, bis alle Plättchen im Geräteboden liegen. Schließe dann das Gerät und drehe es um. Öffne es von der Rückseite. Wenn du das bei der Übungsreihe abgebildete Lösungsmuster siehst, hast du alle Aufgaben richtig gelöst.

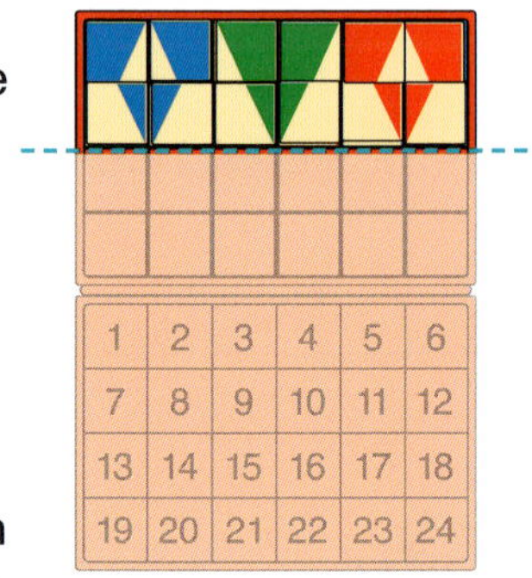

Passen einige Plättchen nicht in das Muster, dann hast du dort Fehler gemacht. Drehe diese Plättchen da, wo sie liegen, um, schließe das Gerät, drehe es um und öffne es wieder! Jetzt kannst du sehen, welche Aufgaben du falsch gelöst hast. Nimm diese Plättchen heraus und suche die richtigen Ergebnisse.
Kontrolliere dann noch einmal. Stimmt jetzt das Muster?

Das System ist für alle Übungen gleich: Die Aufgabennummern 1 im Heft entsprechen immer den LÜK-Plättchen aus dem Kontrollgerät. Die grauen Zahlen hinter den Lösungen sagen dir, auf welche Felder des Gerätes du die Plättchen legst.

Und nun viel Spaß!

›› Eine animierte Spielanleitung gibt es auf **www.luek.de**

Welcher Satz passt zum Bild.

7 Erol putzt sich die Zähne.

8 Wir waschen uns die Hände mit Seife.

9 Ihr föntet euch die Haare.

10 Lena duscht sich nicht gern.

11 Carmen bürstet sich die Haare.

12 Lian und Ben ziehen sich ihre Schuhe an.

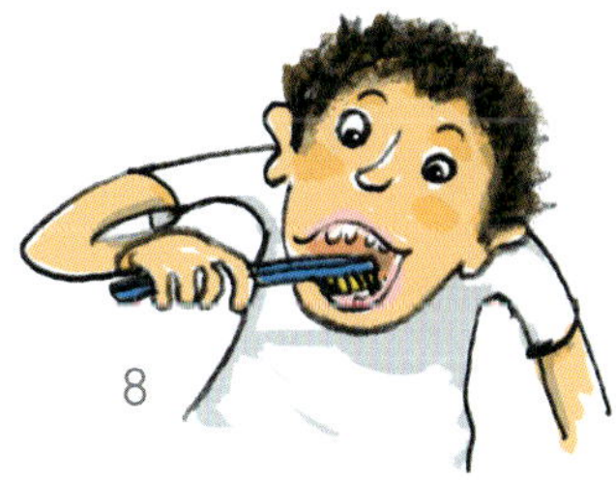

Am Morgen 3

Trennbare Verben

Einige Verben sind trennbar. Die Vorsilbe wird beim Sprechen betont und im Präsens abgetrennt. Sie steht am Ende des Satzes:

aufstehen → ich stehe **auf**
(sich) hinsetzen → wir setzen uns **hin**

Im Perfekt kommt die Vorsilbe an die erste Stelle:

aufstehen → ich bin **auf**gestanden
(sich) hinsetzen → wir haben uns **hin**gesetzt

Welcher Satz gehört zum Verb?

1	einkaufen	Ich stehe nicht gern früh auf. 17
2	anziehen	Ich hole Carmen jeden Morgen ab. 24
3	abholen	Ich kaufe manchmal mit meiner Mutter ein. 19
4	einpacken	Ich ziehe meine Jacke an. 22
5	aufstehen	Ich packe meine Sporttasche aus. 21
6	auspacken	Ich packe mein Federmäppchen ein. 20

Was passt zusammen?

7	Ich ziehe mich an.	Er hat seine Jacke angezogen. 18
8	Wir holen euch ab.	Ihr habt euch hingesetzt. 15
9	Sie packen die Geschenke aus.	Du hast deine Mütze aufgesetzt. 14
10	Er zieht seine Jacke an.	Ich habe mich angezogen. 16
11	Du setzt deine Mütze auf.	Wir haben euch abgeholt. 13
12	Ihr setzt euch hin.	Sie haben die Geschenke ausgepackt. 23

Das bin ich 1

Leseverstehen

Hallo!

Ich heiße Amir und ich komme aus Afghanistan.
Ich bin neun Jahre alt.
Ich wohne seit zwei Jahren in Deutschland.
Ich habe einen Bruder. Er heißt Sami und ist sieben.
Meine Schwester Nesrin ist elf und meine Schwester Malia ist fünf.
Wir verstehen uns alle ganz gut.
Manchmal finde ich die Mädchen doof, weil sie immer so viel schimpfen:
„Amir hat mir den Ball weggenommen."
„Amir hat mich an den Haaren gezogen."
Dabei bin ich meistens ganz lieb.
Mit Sami spiele ich oft Fußball. Aber wenn er verliert,
wird er sehr böse. Dann macht es keinen Spaß.

Ich gehe in die 3. Klasse. Mein Lieblingsfach ist Sachunterricht.
Ich mache auch gern Sport.
Jeden Tag muss ich Hausaufgaben machen. Das finde ich doof.
Aber meine Eltern sind sehr streng. Wenn ich nicht lerne,
sind sie böse. Das mag ich nicht.

Mein bester Freund ist Ben. In der Schule sitzen wir nebeneinander.
Mit Carmen verstehe ich mich auch sehr gut.
Manchmal helfe ich ihr bei den Hausaufgaben.
Carmen kann noch nicht so gut Deutsch sprechen wie ich.

Ich hätte gern einen Hund, aber in unserer Wohnung ist kein Platz.
Deshalb wünsche ich mir jetzt einen Papagei.
Mit einem Papagei kann ich auch sprechen.
Ich möchte ihm Deutsch und Dari beibringen.
Dari ist die Sprache, die in Afghanistan gesprochen wird.
Jetzt spreche ich nur noch manchmal mit meinen Eltern Dari.

Richtig oder falsch?

		richtig	falsch
1	Amir kommt aus Deutschland.	10	7
2	Amir hat zwei Brüder und eine Schwester.	3	9
3	Seit zwei Jahren wohnt Amir mit seiner Familie in Deutschland.	12	5
4	Nesrin und Malia schimpfen nie.	11	8
5	Mit seinem Bruder Sami spielt Amir oft Tischtennis	6	5
6	Sami wird böse, wenn er beim Fußball verliert.	10	7
7	Amir geht in die 3. Klasse.	3	8
8	Sein Lieblingsfach in der Schule ist Deutsch.	9	1
9	Amir sitzt neben Ben und Carmen.	12	11
10	Seine Hausaufgaben macht Amir sehr gern.	3	6
11	Amir hätte gern eine Katze als Haustier.	7	2
12	Mit einem Papagei will Amir Deutsch und Dari sprechen.	4	1

Schreibe einen Text über dich!

Das bin ich 2

Gefühlsadjektive / Nebensätze mit wenn

Welches Wort passt?

1  neidisch 13 traurig 19	2  fröhlich 18 müde 21	3  neidisch 24 wütend 16
4  fröhlich 20 ängstlich 23	5  traurig 15 wütend 17	6  müde 14 ängstlich 22

Wie fühlst du dich, wenn …?

7	Wenn mich jemand ärgert,	bin ich neidisch. 23
8	Wenn mir keiner beim Abwaschen hilft,	bin ich glücklich. 14
9	Wenn meine Mutter nur meine Schwester lobt,	bin ich wütend. 15
10	Wenn ich zu spät ins Bett gehe,	bin ich ängstlich. 16
11	Wenn ich etwas geschenkt bekomme,	bin ich müde. 18
12	Wenn ich allein Zuhause bin,	bin ich traurig. 13

Das bin ich

Nebensätze mit dass

Im Nebensatz steht das Verb ganz hinten.

Ich wünsche mir, dass **meine Mannschaft** das nächste Spiel **gewinnt.**
Die Kinder wünschen sich, dass **sie** einen Ausflug in den Zoo **machen.**

Was wünschen sich die Kinder?

1 Amir wünscht sich, dass er einen Hund bekommt.

2 Erol wünscht sich, dass seine Oma und sein Opa ihn besuchen.

3 Mia wünscht sich, dass sie Zeit zum Lesen hat.

4 Lena träumt davon, dass sie ein eigenes Handy hat.

5 Mutlu wünscht sich, dass er in einem Haus mit Garten wohnt.

6 Lian träumt davon, dass er zum Geburtstag Inliner bekommt.

Was passt zusammen?

7 Ben hat keinen Laptop.

8 Dilek kann nicht reiten.

9 Mutlu wohnt in einer kleinen Wohnung.

10 Carmen hat kein Fahrrad.

11 Mia hat keine Zeit zum Lesen.

12 Erol sieht seine Großeltern selten.

Er wünscht sich, dass er in einem Haus wohnt. 24

Sie träumt davon, dass sie ein Fahrrad hat. 18

Sie hofft, dass sie mehr Zeit zum Lesen hat. 16

Er wünscht sich, dass er einen Laptop hat. 13

Er hofft, dass er seine Großeltern öfter sieht. 14

Sie träumt davon, dass sie das Reiten lernt. 15

Mein Traumjob 1

Wortschatz

Welcher Beruf ist das?

1	Er fliegt ein Flugzeug.	der Busfahrer 15 der Pilot 19
2	Sie schneidet Haare.	die Frisörin 23 die Köchin 17
3	Er arbeitet am Computer.	der Koch 13 der Computerspezialist 22
4	Sie entwirft Häuser.	die Architektin 20 die Krankenschwester 21
5	Er bohrt, wenn ein Loch im Zahn ist.	der Zahnarzt 15 der Bäcker 16
6	Sie verkauft Kleidung oder Lebensmittel.	die Polizistin 23 die Verkäuferin 24

Wer benutzt diese Dinge?

7 die Schere  die Verkäuferin 16 der Frisör 18	8 der Kochlöffel  der Koch 14 die Polizistin 21	9 der Helm 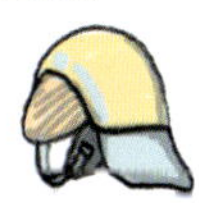 der Feuerwehrmann 21 die Verkäuferin 20
10 die Kreide  der Lehrer 16 die Krankenschwester 13	11 das Mehl  der Polizist 14 der Bäcker 13	12 die Spritze 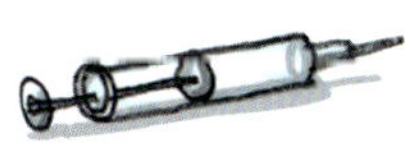 der Arzt 17 der Verkäufer 15

Mein Traumjob 2

möchten / Futur

Mit **möchten** drückst du einen Wunsch aus.
Du kannst damit **höflich** sagen, wenn du etwas haben willst:
Ich **möchte** ein Brot und zwei Flaschen Milch.

Du kannst damit auch einen **Wunsch** (für die Zukunft) ausdrücken.
Dann verwendest du zusätzlich noch ein Verb:
Ich **möchte** Lehrerin **werden**.

Was möchtest du werden?

1	Was möchtest du werden, Dilek?	Ich möchte Busfahrerin werden. 7
2	Was möchtest du werden, Lian?	Ich möchte Ärztin werden. 12
3	Was möchtest du werden, Ben?	Ich möchte Lehrerin werden. 11
4	Was möchtest du werden, Carmen?	Ich möchte Koch werden. 8
5	Was möchtest du werden, Erol?	Ich möchte Architekt werden. 3
6	Was möchtest du werden, Lena?	Ich möchte Feuerwehrmann werden. 10

Was möchtest du machen, wenn …

7	Wenn die Sonne scheint,	möchte ich viel Geld verdienen.	9
8	Wenn es schneit,	möchte ich ein Glas Limo trinken.	6
9	Wenn ich groß bin,	möchte ich ins Schwimmbad gehen.	1
10	Wenn ich Hunger habe,	möchte ich einen Schneemann bauen.	5
11	Wenn ich Durst habe,	möchte ich keine Hausaufgaben bekommen.	2
12	Wenn ich in die Schule gehe,	möchte ich einen großen Hamburger essen.	4

Mit **werden + Infinitiv** sagst du etwas über die Zukunft.
Die Form von werden steht an zweiter Stelle im Satz, das Verb ganz hinten:
Ich **werde** im Sommer ins Zeltlager **fahren**.

ich **werde** fahren	➔	wir **werden** fahren
du **wirst** fahren	➔	ihr **werdet** fahren
er/sie/es **wird** fahren	➔	sie **werden** fahren

Was wirst du in den Sommerferien machen?

Was wirst du machen, Lian?  1	Was werdet ihr machen, Paul und Ben?  2
Was wird Frau Müller machen?  3	Was wird Herr Schmidt machen?  4
Was werden wir machen?  5	Was werden Mia und Sara machen?  6

Herr Schmidt wird nach Paris fahren. 5

Wir werden eine Radtour machen. 7

Ich werde in den Zoo gehen. 6

Mia und Sara werden reiten. 3

Wir werden ins Zeltlager fahren. 4

Frau Müller wird segeln. 1

Welche Form fehlt hier?

7	Herr Peter ______ viele Bücher lesen.	werde 2
8	Carmen und Dilek ______ keine Hausaufgaben machen.	wird 9
9	Ich ______ jeden Tag lange schlafen.	werden 11
10	Julia ______ ihre Oma und ihren Opa besuchen.	wirst 12
11	Du ______ mit deinen Freunden ein Picknick machen.	werdet 10
12	Ihr ______ den ganzen Tag faulenzen	wird 8

Mein Traumjob 3

Mini-Dialoge

Welches Bild passt zum Gespräch?

12

10

1

1 Lehrerin: Was möchtest du einmal werden?
Dilek: Ich möchte Ärztin werden und vielen Menschen helfen.

2 Carmen: Was wirst du in den Sommerferien machen?
Lena: Ich mache mit meiner Familie eine Radtour. Wir wollen jeden Tag 30 km Fahrrad fahren.

3 Mutter: Ich möchte gern, dass du die Hausaufgaben machst.
Lian: Aber ich möchte lieber Fußball spielen.
Mutter: Okay, dann spielst du jetzt eine Stunde Fußball. Und danach machst du ohne Meckerei die Hausaufgaben.
Lian: Einverstanden.
Erst Fußball, dann Hausaufgaben.

4 Mutlu: Ich möchte einmal LKW-Fahrer werden.
Vater: Bist du sicher? Dann bist du fast nie Zuhause.
Mutlu: Das stimmt, aber ich sehe auch viel.

5 Klara: Ich möchte gern Polizistin werden.
Ben: Ist das nicht ein Männerberuf?
Klara: Wieso? Frauen können das auch.

6 Lehrer: Was wirst du in den Ferien machen? Wirst du verreisen?
Erol: Nein, wir werden nicht wegfahren. Aber mein Vater wird mit mir ein Baumhaus bauen.
Lehrer: Das ist toll. Davon musst du dann erzählen.

2

4

9

7 Koch: Kochen ist nicht nur mein Beruf, sondern auch mein Hobby. Es gibt keinen schöneren Beruf.
Lian: Ich möchte auch gern Koch werden. Ich koche nämlich auch sehr gern.

8 Carmen: Ich weiß nicht, was ich einmal werden möchte.
Mutter: Ich dachte, du wolltest Lehrerin werden.
Carmen: Ja, mit Kindern möchte ich gern arbeiten. Aber das ist bestimmt nicht so einfach.

9 Ben: Feuerwehrmann ist cool.
Paul: Ja, ich möchte auch Feuerwehrmann werden. Da ist immer viel los: Feuer löschen, Menschen retten, mit dem Feuerwehrauto durch die Stadt rasen – das macht bestimmt viel Spaß.

10 Max: Mein Traumberuf ist Zahnarzt.
Amir: Oh nein! Das finde ich schrecklich. Ich habe Angst vor dem Zahnarzt.

11 Mia: Ich werde Verkäuferin.
Sara: Was willst du denn verkaufen?
Mia: Am liebsten Kleidung. Auf jeden Fall kein Essen.
Sara: Gute Idee. Vielleicht kannst du dann auch billiger einkaufen.

12 Dilek: Ich backe gern. Vielleicht werde ich Bäckerin.
Mutter: Wenn du in einer Bäckerei arbeitest, musst du sehr früh aufstehen.
Dilek: Oje, das mache ich gar nicht gern. Dann überlege ich noch mal.

6

7

3

11

8

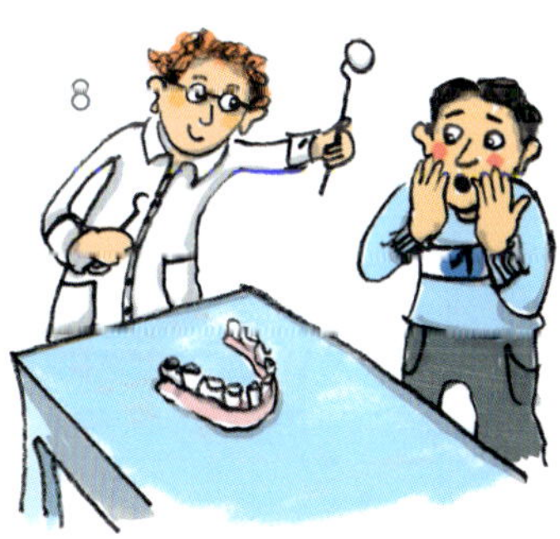

5

der Vormittag
1+5=
6
vormittags
der Mittag
Pause
mittags
12
11
1
10
2
9
3
8
4
7
5
6
die Nacht
nachts
der Abend
abends
der Morgen
Schule
morgens
der Nachmittag
nachmittags

Wann machst du was?

1	Ich stehe auf.	morgens 5	mittags 10	abends 12
2	Ich esse Mittagessen.	morgens 6	mittags 3	abends 7
3	Ich gehe ins Bett.	morgens 11	mittags 5	abends 2
4	Ich gehe zur Schule.	vormittags 6	nachmittags 9	nachts 12
5	Ich schlafe.	vormittags 9	nachmittags 1	nachts 7
6	Ich mache Hausaufgaben.	vormittags 8	nachmittags 4	nachts 2

Verbinde die Satzteile.

7	Am Vormittag	gehe ich zum Fußballtraining. 1
8	In der Nacht	sehe ich gemeinsam mit meiner Familie fern. 8
9	Am Nachmittag	lerne ich in der Schule. 10
10	Am Abend.	esse ich in der Schulkantine. 12
11	Am Mittag	stehe ich auf, frühstücke und gehe zur Schule. 9
12	Am Morgen	schlafe ich in meinem Bett. 11

Von früh bis spät 2

Leseverstehen

Mein Tag

In der Woche muss ich jeden Tag um 6.30 Uhr aufstehen.
Das ist sehr früh und ich bin immer müde.
Ich gehe ins Badezimmer, dusche mich und ziehe mich gleich an.
Danach esse ich mit meiner Familie Frühstück.

Nach dem Frühstück gehe ich zur Schule.
Meistens holt mich meine Freundin ab.
Am Vormittag bin ich in der Schule.
Ich gehe gern in die Schule. Ich habe eine sehr nette Klasse.
Wir lernen viel und in der Pause spielen wir gemeinsam.

Mittags esse ich mit meinen Freunden in der Kantine.
Das Essen ist okay – Mama kann besser kochen.

Meine Hausaufgaben mache ich nachmittags in der Schule.
Am Dienstag und am Donnerstag gehe ich nachmittags
auch zum Schwimmtraining. Das macht viel Spaß.
Am Wochenende habe ich manchmal einen Wettkampf.

Abends sehen wir nach dem Abendbrot oft noch einen Film
oder ich spiele mit meiner Schwester und meinem Vater ein Spiel.
Manchmal spielt Mama auch mit.

Um 20.00 Uhr ziehe ich mich aus und gehe ins Bett.
Ich lese dann immer noch ein bisschen.
Wenn ich nachts aufwache, finde ich es manchmal unheimlich.
Die Schatten sehen aus wie Gespenster.
Aber meistens schlafe ich durch.

Am Wochenende schlafe ich immer viel länger.
Das ist herrlich, wenn kein Wecker klingelt.

Findest du die passende Antwort?

1 Wann stehst du auf?
2 Was macht du nach dem Anziehen?
3 Gehst du allein zur Schule?
4 Gehst du gern in die Schule?
5 Ist deine Klasse nett?
6 Was machst du in der Pause?
7 Wo isst du Mittag?
8 Schmeckt das Essen?
9 Was machst du am Nachmittag?
10 Was machst du abends?
11 Wann gehst du ins Bett?
12 Schläfst du sofort ein?

Ja, meine Klasse ist nett. 10
Das Essen in der Kantine ist okay. 5
Nach dem Abendbrot sehe ich oft einen Film. 9
Ich esse in der Kantine Mittag. 1
Um 6.30 Uhr. 11
Um 20.00 Uhr. 6
Nein, ich lese immer noch ein bisschen. 2
Ich frühstücke mit meiner Familie. 7
Ja, ich gehe gern in die Schule. 12
Nein, meistens holt mich meine Freundin ab. 4
Ich spiele mit den Kindern aus meiner Klasse. 8
Nachmittags mache ich meine Hausaufgaben. 3

Frage ein anderes Kind nach seinem Tag.
Dafür kannst du die Fragen auf dieser Seite nutzen.
Wann stehst du auf? …

Von früh bis spät 3

Satzbau

In einem Aussagesatz steht das Verb an zweiter Stelle:
Der Mann **kauft** ein Buch.

Bei einer Frage, die du mit ja oder nein beantwortest, steht das Verb an erster Stelle:
Kauft der Mann ein Buch?

Wenn ein Nebensatz gebildet wird, stellst du das Verb an die letzte Stelle:
Mir gefällt das Buch, das der Mann **kauft**.

Wie heißt die passende Frage?

1	Ich esse gern Kuchen.	Trainieren sie jeden Tag? 20
2	Du liest gern Krimis.	Spielen wir gern auf dem Spielplatz? 24
3	Mama strickt gern Socken.	Guckt ihr gern Sportsendungen? 16
4	Wir spielen gern auf dem Spielplatz.	Strickt Mama gern Socken? 21
5	Ihr guckt gern Sportsendungen.	Esse ich gern Kuchen? 23
6	Sie trainieren jeden Tag.	Lese ich gern Krimis? 19

Wenn du in einem Aussagesatz eine Zeitangabe machst, bleibt das Verb an zweiter Stelle:
Am Vormittag **kauft** der Mann ein Buch.
Der Mann **kauft** am Vormittag ein Buch.
Der Mann **kauft** ein Buch am Vormittag.

Wie heißt der passende Satz mit Zeitangabe?

7 Ich habe Blockflötenunterricht.

8 Ich besuche meine Oma und meinen Opa.

9 Ich gehe in den Zoo.

10 Ich bin oft müde.

11 Ich muss Deutsch üben.

12 Ich stehe nicht gern früh auf.

21 Abends bin ich nie müde.

23 Ich übe jeden Tag Mathe.

19 Ich gehe jede Woche ins Museum.

14 Sonntags stehe ich nicht gern früh auf.

22 Einmal im Jahr gehe ich in den Zoo.

13 Am Montagnachmittag habe ich Blockflöten-unterricht.

17 Jedes Wochenende besuche ich meine Oma und meinen Opa.

18 Jeden Tag muss ich Deutsch üben.

15 Mittags bin ich oft müde.

24 Meine Tante besuche ich jedes Wochenende.

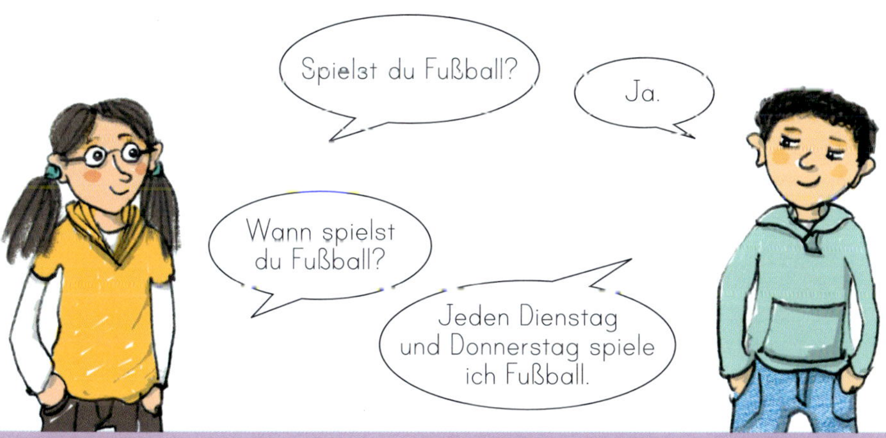

Wo geht's lang? 1

Wortschatz

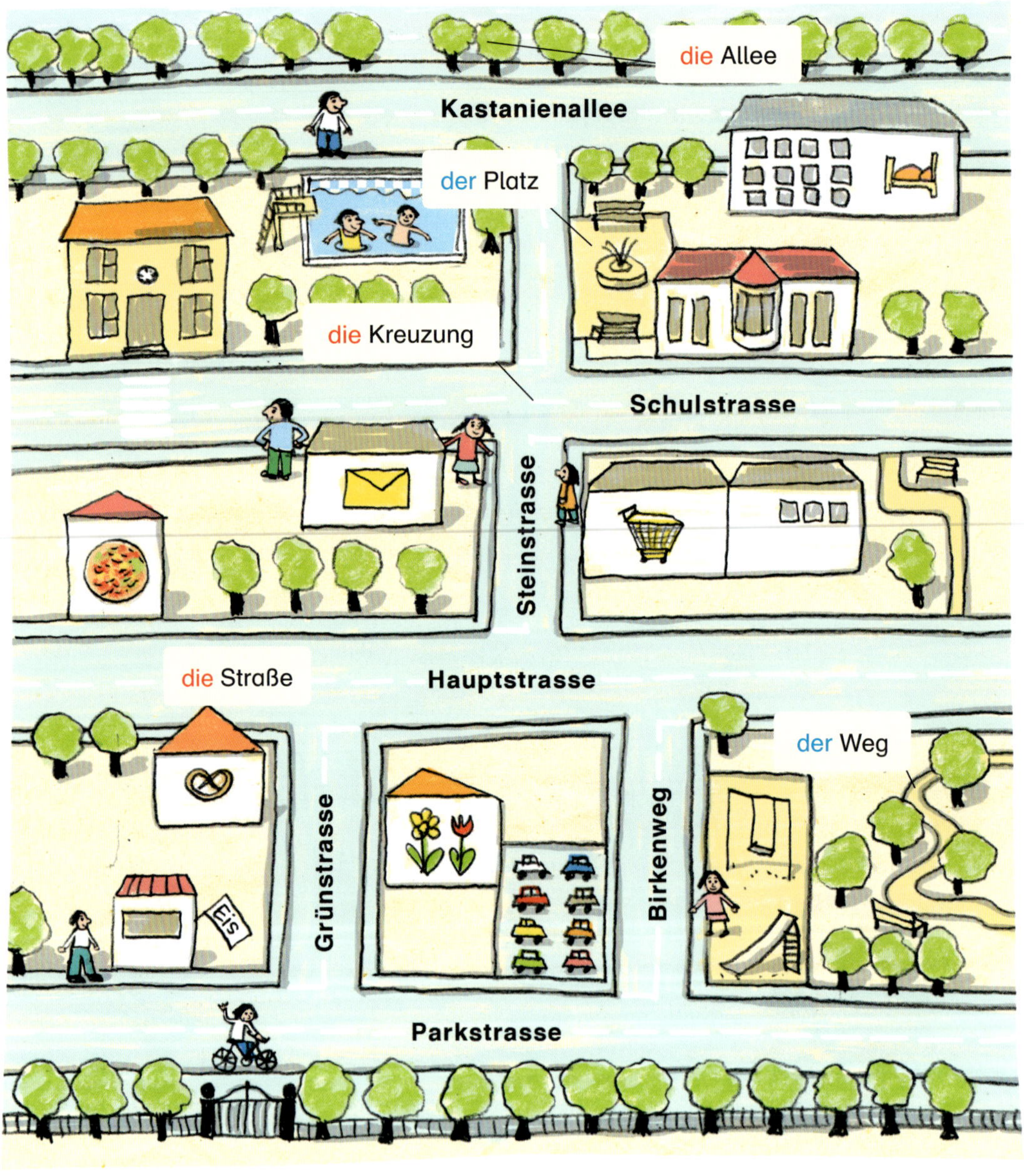

Wo ist das?

1	Wo ist die Schule?	In der Parkstraße. 11 In der Schulstraße. 6
2	Wo ist der Supermarkt?	In der Steinstraße. 4 In der Grünstraße. 8
3	Wo ist das Schwimmbad?	In der Kastanienallee. 1 In der Hauptstraße. 10
4	Wo ist der Spielplatz?	Im Birkenweg. 5 In der Grünstraße. 12
5	Wo ist die Post?	In der Parkstraße. 2 In der Schulstraße. 7
6	Wo ist das Krankenhaus?	In der Hauptstraße. 9 In der Kastanienallee. 3

Wohin kommst du?

7	Du bist am Kiosk in der Parkstraße. Geh geradeaus. Wohin kommst du?	Zum Parkplatz. 9 Zur Bäckerei. 11
8	Du stehst vor der Post und siehst nach links. Welches Gebäude siehst du?	Die Schule. 11 Das Rathaus. 4
9	Du gehst vom Spielplatz nach links. Zu welcher Straße kommst du?	Zur Hauptstraße. 1 Zur Parkstraße. 2
10	Du gehst vom Supermarkt nach rechts in die Schulstraße. Welches Gebäude siehst du auf der linken Seite?	Das Rathaus. 8 Das Krankenhaus. 5
11	Du gehst von der Post nach rechts und biegst an der Kreuzung rechts ab. In welcher Straße bist du?	Im Birkenweg. 7 In der Steinstraße. 12
12	Du gehst vom Schwimmbad nach rechts die Kastanienallee entlang. Zu welchem Gebäude kommst du?	Zum Krankenhaus. 10 Zur Schule. 3

Wo geht's lang? 2

Wohin? Wo?

Wenn du mit „Wohin?“ nach dem Ort fragst, benutzt du den Akkusativ:
Wohin gehst du?
Ich gehe auf **den** Spielplatz.
Ich gehe in **das** Schwimmbad.

Nominativ	Akkusativ
der Supermarkt	➔ den Supermarkt
die Bäckerei	➔ die Bäckerei
das Schwimmbad	➔ das Schwimmbad

Wohin gehen die Kinder?

1 Dilek geht auf den Spielplatz.
2 Frau Müller geht in die Schule.
3 Erol und Lian gehen in das Schwimmbad.
4 Du gehst mit deiner Mutter in den Supermarkt.
5 Ich gehe auf den Markt.
6 Carmen und Lena gehen in den Blumenladen.

Wenn du mit „Wo?“ nach dem Ort fragst, benutzt du den Dativ:
Wo bist du?
Ich bin auf **dem** Spielplatz.
Ich stehe in der Bäckerei.

Nominativ	Dativ
der Supermarkt	→ dem Supermarkt
die Bäckerei	→ der Bäckerei
das Schwimmbad	→ dem Schwimmbad

Wo sind die Kinder?

in dem = im

7 Paul und Mia sind auf dem Spielplatz.
8 Frau Peter ist im Supermarkt.
9 Die Kinder sind in der Schule.
10 Du steht vor der Post.
11 Herr und Frau Simon sind in der Pizzeria.
12 Dilek ist im Schwimmbad.

Wo geht's lang? 3

Relativsätze

Mit einem Relativsatz beschreibst du das Nomen genauer.
Du musst darauf achten, welcher Artikel zum Nomen gehört:

Wie heißt **der Mann**, der im Supermarkt arbeitet?

Wie heißt **die Frau**, die vor der Schule steht?

Wie heißt **das Kind**, das auf dem Spielplatz spielt?

Wie heißen **die Hefte**, die wir für den Unterricht brauchen?

Der Relativsatz kann auch mitten im Satz stehen.
Der Relativsatz wird mit Kommata abgetrennt:

Der Mann, der im Supermarkt arbeitet, heißt Herr Simon.

Die Frau, die vor der Schule steht, wartet auf ihre Tochter.

Das Kind, das auf dem Spielplatz steht, kenne ich nicht.

Die Hefte, **die** wir für den Unterricht brauchen, liegen hier.

Wie geht der Satz weiter?

1	Wie heißt der Junge,	die du gestern so schnell aufgegessen hast? 21
2	Wie heißt die Schokolade,	das wir letzte Woche in Deutsch gelesen haben? 14
3	Wie heißt der Film,	die wir im Vertretungsunterricht hatten? 24
4	Wie heißt die Lehrerin,	der mit uns auf dem Spielplatz war? 23
5	Wie heißt das Buch,	das wir neulich im Sportunterricht gespielt haben? 22
6	Wie heißt das Spiel,	den du im Kino sehen möchtest? 20

Welches Relativpronomen fehlt hier?

7 Ich esse gern das Eis, ____ meine Oma macht.

8 Der Mann, ____ im Blumenladen Blumen kauft, ist mein Onkel.

9 In dem Schwimmbad, in ____ wir Schwimmunterricht haben, sind immer viele Menschen.

10 Die Lehrerin, ____ uns in Mathe unterrichtet, ist ganz neu an der Schule.

11 Die beiden Jungen, ____ Namen ich nicht kenne, sind sehr nett.

12 Den Pulli, ____ ich bei dir vergessen habe, habe ich zum Geburtstag bekommen.

der 18   die 13   deren 17   das 16   den 15   dem 19

Die Bundesrepublik Deutschland

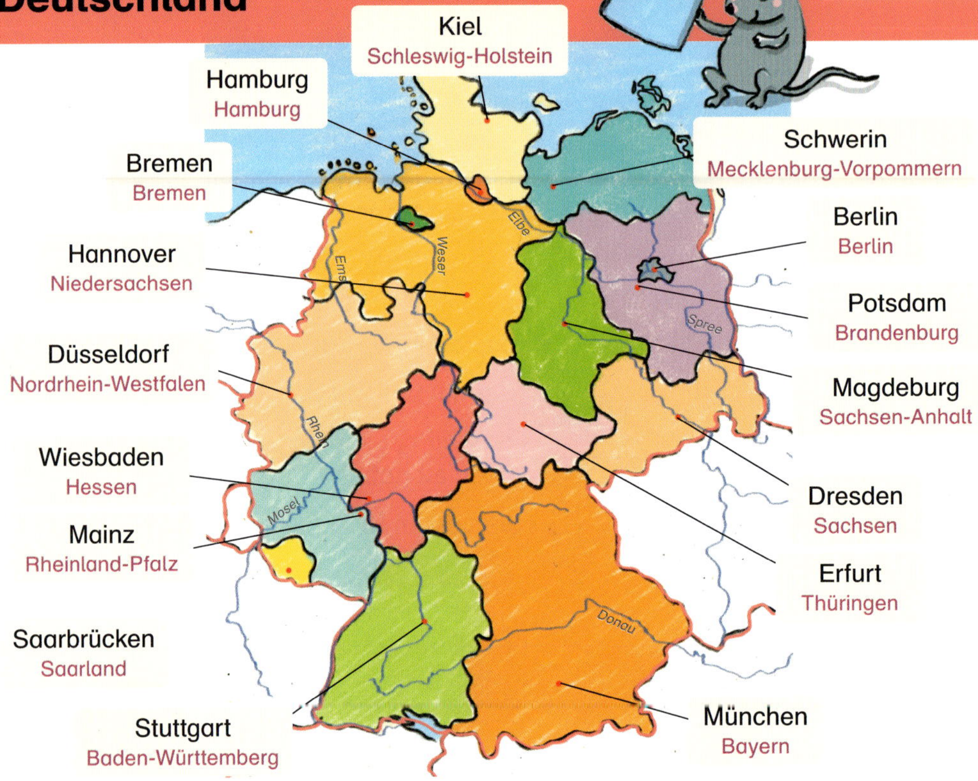

Richtig oder falsch?

		richtig	falsch
1	Deutschland hat 20 Bundesländer.	22	23
2	Berlin ist die Hauptstadt der Bundesrepublik Deutschland.	19	18
3	Baden-Württemberg grenzt im Osten an Bayern.	21	20
4	Nord- und Ostsee sind im Süden.	17	24
5	Frankfurt ist die Hauptstadt von Hessen.	15	16
6	Die Donau fließt in Baden-Württemberg und Bayern.	20	13
7	Sachsen liegt im Norden.	16	14
8	Die Landeshauptstadt von Niedersachsen ist Hannover.	18	19
9	Hamburg ist ein Stadtstaat.	22	23
10	Hamburg liegt an der Elbe.	15	20
11	Die Donau fließt durch Köln.	23	17
12	Das nördlichste Bundesland ist Schleswig-Holstein.	13	21